통의 행복

通의 幸福

민병락 시집

채운재 시선 187

통의 행복
通의 幸福

민병락 시집

빈 생각 빈 마음 청량한 님의 모습
꼬이지 않음에 수치심 없고 미움 없는 눈망울
행복에 젖은 님의 향기가 담장 안 뜰에 가득하다

머리글

아름다운 것은
눈에 보이지 않는다고 했던가
그냥 느껴질 뿐이라고

속마음을 보일 때
당신과 다른 세상의 본질을 풀어놓을 때

나는 당신에게
어떻게 이 아름다움을 이야기할 것인가
고민하는 삶의 흔적이다

그대와
소통의 행복이 함께 하기를 소망한다

2024년 5월

민 병 락

차례

머리글 … 5

1부 봄의 연가

조약돌	12
목련	13
덕수궁	14
겸손	16
봄의 연가	17
고드름	18
떡국	20
봄비	22
산책 나온 물고기	23
청계천	24
라이딩	26
칼국수	28
두물머리	30
경주 보문정	31
보문호 새벽 산책길	32
그리움	34
용산역	36
소소한 행복	38
늦사랑	40
평안	41

2부 그 시간을 잡지 못하면

하얀 집	44
오월의 장미	46
그 시간을 잡지 못하면	47
그대의 아픔을	48
선물	50
호접란	52
물가物價	54
병뚜껑	55
망각忘却	56
노老	57
요술을 배우고 있다	58
먹 가는 소리	59
세상은 시간이다	60
갓김치	61
친구 따라 강남 간다는데	62
새로움의 시작	63
시인詩人	64
정년퇴임停年退任	66
수秀 리조트	67
외옹치 둘레길	68

차례

3부 가슴 시리도록

통通의 행복	72
소소한 다짐	73
가슴 시리도록	74
먼 길	76
익선동 길	78
안목	80
전어	82
여기에 한서 남궁 억이 있다	83
치매 엄마	84
한 줄 시 - 황혼黃婚	85
한 줄 시 - 병뚜껑 외 2편	86
한 줄 시 - 한 줄 시 외 2편	87
한 줄 시 - 조약돌 외 2편	88
한 줄 시 - 조각 외 2편	89
한 줄 시 - 자유自由	90
한 줄 시 - 영靈에 속한 동물 외 2편	91
한 줄 시 - 노을 외 2편	92
한 줄 시 - 부지런함 외 2편	93
한 줄 시 - 숙熟 외 2편	94
한 줄 시 - 서恕 외 4편	95

4부 오늘이 가장 빠르다

내 하루가	98
단체 식사	100
욕심부리지 말자	101
길道	102
죽으러 가자	103
늦터짐	104
예禮	107
오늘이 가장 빠르다	108
안다는 것	110
장례식장에서	112
아름 난 나무농원	114
동생에게	116
여행旅行	118
치매	119
매형 7주기에	120
바다가 내 것이다	122
모임에 가면서	124
가고 싶다	126
공주님이 오신다	128

차례

5부 태풍이 올 때

하롱베이	132
티톱섬	134
원숭이 섬	135
진국사	136
하노이 예술거리	138
죽순 파는 가족	140
엔뜨국립공원	142
호찌민 관저	144
아바탄 반딧불	146
코코넛	148
망고가게	150
태풍이 올 때	151
타르시어 안경원숭이	152
버진 아일랜드	154
거북이 두 마리	156
방카	158
로봇강	159
초콜릿 힐	160
만좌모萬座毛	162
동남식물낙원東南植物樂園	164

작품해설 김순진(문학평론가)   166
  - 기독교 신앙을 바탕으로 한 사랑의 시학

1부

봄의 연가

조약돌

해변 조약돌이
파도랑 속삭입니다
그 소통疏通으로 인해
조금씩 조금씩 변화되어 갑니다

다듬어 져
변變했을 때
어느 날 나와 손잡고
호주머니 속에서 동행하다가
식탁에 둥지를 틀었습니다

하루
두 세끼
수저 아래서
나와 또 다른 대화를 합니다

목련

봄볕에 하얀 목련이 피었다
솜털 한 겹 제치고
흰 속살
조금씩 내놓을 때

바람결 앞세워
화사함을 일깨우고
복사꽃 곁가지에 눈인사 아우른다

세상 풍파 아랑곳하지 않고
제때를 잊지 않아
한 겹 두 겹 자신을 내놓는다

어릴 적 문간 옆에 핀
흰 목련 향이
아릿하게
시대를 아울러 여기까지 왔다

덕수궁

봄날
점심시간 후
커피잔을 든 회사원들 걸음걸이가 사뿐하다
붉은 소나무 옛스럽고
고궁 마루 햇살이 따사롭다

라테 한 잔 아내와 나눠 홀짝이며
못다 한 자식들
친구들
교회 이야기가 실타래 풀 듯
조잘거리며 시간 가는 줄 몰랐다

돈덕전 역사의 현장에서
100년의 기억을 되돌아보고
나라 잃은 설움을 가슴에 안았다
잠시 쉬며
지나간 시간을 아쉬워한다

늘 오는 곳이 아니라
이곳저곳
돌계단 위로 아래로 돌아
대한문 수문장 교대식까지 보고
운 좋게 기념사진도 찍었다

밍밍하지만 산책이 여유롭다

겸손

욕심껏 일하다 보면
자칫
잘못된 경우가 있다
완벽하다고 하지만
인간이기 때문에
틈이 있다.

시간이 지나서
그 일이
잘못됨을 알았을 때
수정하는 법을 알아야
화禍를 줄일 수 있다

이것을
능력이라고도 하고
겸손이라고도 한다

봄의 연가

때에 이르매
산수유 가지에 노란 꽃망울 맺히고
늦을까
매화꽃 필 때

게으른 농부
시간을 잊어
골방에 뒷짐을 진다

산천이 겨울 색을 벗어
연붉게 움트는 가지를 바라볼 때
북풍 찬바람
뒷산 너머 꼬리를 흐린다

이 봄
발아래 잔풀이
소리 없이 올라오면
봄의 향연은 시작된다

고드름

아파트 창가
철봉대 아래로
고드름이 열렸다

찬바람을 견디며
꼬리를 길게 늘여 놓고
만세를 부르며
생각에 잠겨있다

한여름 느릿한
장대비 속에서 부대끼며
속삭이던
그 물방울들이
시절의 흐름에 몸을 맡기고 있다

아침 햇살이
저 산 너머 수줍게 고개를 들면
나비 애벌레 움츠림이
탈피의 환희에 느끼듯
반복되는 고통을 이기고
보석처럼 영롱한 눈물을 흘린다

한 방울 씩!

떡국

맵쌀을 씻어서
바구니에 살포시 담아
물기를 뺀다

하얗게 김 서린 방앗간
아낙네 시끌벅적한 농음 사이로
기다란 떡쌀이 흰 속살 내놓는다

하룻밤 지나고 꼬들해진
가랑이 떡을
식구대로 앉아 썬다

한 줄씩 잡아서
어슷하게 칼날 세우면
먹기 좋은 떡국살이 된다

떡국 살 넣고 끓여
아침에 씻은
탱글한 굴 넣으니

한 살을 더 먹어도 서운치 않을
떡국 향이
온 집안에 가득하다

봄비

푸~석한 잔디 위에
새벽부터
소리 없이
무념無念의 봄비가 내린다

가늘어진 잡초 줄기에
배가 불러오고
엷은 초록 버들가지에
잔 물방울 엉킨다

종일 왔으면 좋겠다
그녀의
눈망울이
초롱초롱할 때까지

산책 나온 물고기

원앙새 청둥오리 철새들을
사이에 두고
작은 물고기 한 마리
호숫가 산책 나왔나 보다
내 발걸음과 보조를 맞추어
그림자 곁으로
앞서거니 뒤서거니
헤엄쳐 따라온다

푸르다 못해
검은 태평양 파도가
방파제 하나 사이로 으르렁거리는데
아는지 모르는지
해당화 수줍게 피어있는
속초 청초호 산책길 따라
발자국 벗하여
작은 물고기 한 마리
쉼 없이 꼬리를 흔들고 있다

청계천

찬바람이 잔잔하게 불어온다
움이 터질 듯한
초록빛 버들가지 살랑거린다
오랜만에
아내 손잡고 청계천을 걸었다

검은빛을 띤
커다란 잉어 무리
잔물결 사이를 쉼 없이 움직인다
잘잘거리는 소리
어릴 적 시냇가 자갈밭을 급히 흐른 물소리다

올라가고
내려오고
점심 후
손마다 커피를 든 젊은이들
소담스러운 웃음소리가 비켜 가고
헌팅캡에 뒷짐 진
노친내 걷는 모습이 여유롭다

오랜만에 산책 나온 아내가
분위기에 업되어
홍조 띤 모습으로
쉼 없이 조잘거려도 싫지가 않다

라이딩

두 바퀴가 가지런히 굴러간다
헬멧에 고글을 눌러쓰고
꽉 달라붙은 타이즈가 날렵하다
봄바람이 아직 차지만
바람 가르고 줄지어 달린다

강가에 추위가 남았지만
겨우내 움츠렸던 라이더들이
몸 굽혀 속도를 낸다

유난히 굵은 장딴지에
힘이 들어가고
건강함을 자랑하는 두 어깨는
추위를 이겨낸다

긴 머리 출렁이며
가녀린 허리
댄싱 하는 페달링은
연륜을 읽게 하고
고글 아래
홍조 띤 얼굴
새색시 거친 숨소리
싱그런 봄을 차고 간다

칼국수

이른 봄
오랜만에 아내와 시내를 나왔다
광장시장은 북새통이다
어디서 들 왔는지
젊음 발산한 무리들에
몸을 섞이고

줄 서서 기다리는 포장마차
기다림이 길어
조금 한산한 조각의자에 앉아
칼국수 한 그릇 주문했다

미리 반죽해 놓은 면이
부산한 칼끝에도 가지런히 썰어진다
나이 든 이모는
애인 사인가 부부인가를
흘깃흘깃 탐색하며
끓고 있는 육수에 면을 넣는 손놀림이 정겹다

멸치 육수 간이 딱 맞다
칼국수 한 그릇에
아내의 미소가 녹아든다

두물머리

느티나무 아래
황톳길 길가
바위의자 여럿이 동무하고

멈춘 듯 잔잔히 흐르는 물가에
모두의 사연을 안고
빗방울이 떨어진다

셋이 앉아 함께 쓴
우산 아래 알콩한 속삭임은
물 위에 둥둥 떠다니고

흐르는 세월 위로
늦더위에 지친 헛생각들이
먼 산 능선 아래로
물안개처럼 흩어 저 사라진다

경주 보문정

연꽃이 희다
널브러진 석양빛 아래
오랜만에 온
귀한 손님이라고
우리를 반긴다
짙은 녹색 넓은 잎사귀
사이사이에 봉그랗게 올라온
소담스러운 연꽃

노을 진 새털구름 아래
붓꽃 줄기 시샘할 때
보문정 난간에
늦터진 아줌마들의
희한한 웃음소리가
연꽃 송이 사이사이로 비껴간다

보문호 새벽 산책길

어젯밤
자다 남은 시간 뒤로
새벽 산책길 나선다

우리도 일찍 나왔지만
새벽잠 뒤로한
연배 되신 분들
벌써 아랫길 돌고 오신다

강가 멋진 여인 조각상
홀로 포즈 취하고
잘 다듬어진 길
벚나무 초록이고
박목월 시비 사이로
배롱나무꽃 붉디붉다

물가에
두루미 한 마리
아침 먹이 찾아
길게 뺀… 주둥이
한 곳을 응시한다

먼저 출발한 벗님들
사진 찍다 돌아 만나고
담소에 고개 들면
웃음소리 앞지른다

산책 나온 노부부
느긋해서 좋고
아침잠 억지 깬
신혼부부
어깨 기대고 걸어
보기 좋다

그리움

꽃샘추위
들어가려던 오리털 파카
옷장 문 앞에서 기웃거린다

잘 있지
나도 무고하네

머릿속 이것저것 일 많으나
그저 흘러가는 시간 속에
몸만 내어주니
하루가 지나가 버렸다

본시 느슨한 존재였을까
주위 환경이
이리저리 끌고 다니니
혼미하다

뭐라도 꼼지락거려야
육신은 물론
정신적으로도 건강함을 유지하지
잠시 허튼 여유가
우리를 혼돈으로 보내버린다

물은 낮은 곳으로 흐르지만
거친 바다 파도는
바윗돌에 부딪혀 하늘로 솟구친다

친구가 보고 싶다

용산역

친구가 대전에서 올라왔다
그 알량한 친구들 얼굴 보려고
사당역 오리샤부샤부 집까지
가슴 설레고
두근거리는 마음 안고
기차 타고
전철 타고
운동화 타고

반가워
권하는 한 잔 술에
금방 빨개진 얼굴

만나면
지나간 거시기에
되풀이된 이야기들

그래도 뭐가 좋아
곱게 간직한 시간
내려갈 기차 시간은 무심하고
손 흔드는
용산역

야…
다음에는 대전에서 보자

소소한 행복

소래산 봄 꽃구경 출발합니다
초록이 초록에게 인사하는
자연의 아름다움입니다

김밥 점심
커피 한잔
진달래 꽃잎 예쁜
봄 정취
오랜만에 산등성이를 오르는 기쁨이었습니다

이번 산행은 셀카입니다
둘레길 능선 위
곳곳이
봄 초록
눈호강입니다
둘이서 자주 찍었습니다
굽이굽이 돌고 돌아
마음 가벼운 소요逍遙

늘 하는 일정대로
시장에 들러
이것저것 봄 향기에
한 주간 일용할 양식을 준비합니다

그중에
오늘 저녁 특식으로
생물 갑오징어 세 마리

오랜만에 온 가족 즐긴 토욜
갑오징어
두릅
표고
막걸리 한 잔

저녁 식탁에서
경로당 다녀오신 어머님
큰 성찬이다
가족 행복을 느낍니다

늦사랑

보리가 익어
누렇게 변할 때
바람 불어
보릿가시 출렁일 때

시간 가는 서러움에
눈 이슬 젖으면
아이야
아이야

내 젊은
늦사랑
이제야 가슴 위에
아릿하게 자리를 잡는다

평안

이유 없이
마음이 무겁다
강 머리 시냇가 산책을 했다
흐르는 물소리에 평안함을 찾는다

돌아오는 길
복잡한 찻길에서
흐트러진 머리칼 사이로
잡내 피어난다

창가 책상에서
붓글씨에
스산한 마음
다시 고요하다

2부

그 시간을 잡지 못하면

하얀 집

서쪽 바닷가 마을
낮은 언덕 위에 하얀 집
봄바람
흰 파도 오기 전
엄마의 속마음은
급한 기다림의 연속이다

벚꽃 동산
가녀린 가지 사이로
한 잎 꽃망울이
자신을 드러낼 때
푸르도록 눈 시린
벚꽃잎 사이로
눈길을 떼지 못한다

도착시간 넘긴
하얀 차車는
보이지 않고
구부정한 뒤 허리 재-끼고
마음은 한 곳
먼 길 모퉁이

어쩌다
한 번
얼굴 보여주는
손주들을 기다리신다
벚꽃 휘늘어진
동산 아래 돌담집에서

오월의 장미

붉은 꽃
덩굴 늘어진 가지마다 뭉텅거려 핀
계절의 여왕
5월의 장미
꽃터널 지나
바람결에
노랑 빨강 분홍 꽃잎
묻혀온 향香에 취한다

선글라스에
챙 긴 모자가 어색한
뒤 손잡은 초로의 부부
신부인 양 수줍어 고개 비틀 때
초여름 햇살
장미꽃밭 사이를
살짝 비켜간다

그 시간을 잡지 못하면

평생 다시 오지 않는다
순간의 착상을
순간적으로 잡는 것은
자신의 능력이다

되돌아
다시 잡으려고 하면
시간은
순식간에 사라진다

바람 불어 쓰러진 풀은
바람보다 먼저 일어나지만
내 감성이
쓰러진 풀보다 늦으면
존재에 틈이 생긴다

그대의 아픔을

어찌 알리요
내가 당신이 아닌 것을

그대의 아픔을
어찌 알리요
당신 마음
깊은 심장 속 어디에 있을
그대 아릿함을
어찌 알리요
내가 당신이 아닌 것을

얼굴 한편에 숨겨진
그 오묘함을
어찌 알리요
어설퍼 꼼꼼히 살펴보지 못하고
내 마음의 수줍음이
들키지 않으려는 속마음
당신이 알지 못한다고
어찌 당신을 탓하리오

세월 속에 감추인 내 마음
영영 못 알아볼까 봐

먼 산 끝자락에 걸린
조각구름처럼
그냥 흔적 없이 사라지는
사랑이 아닌가 싶소

선물

어젯밤 일찍 잠자리에 들었다
새벽에 집을 나선다

미음나루 8시 도착
파크골프채를 잡으니
아침 해가 뜬다
초승달처럼 떠오르는 해가 둥글게 되기까진
채 1분이 안 걸린다

떠오르는 해를 아내에게 선물로 줬다
이 황홀한 해를 선물 받고도 아내는 시큰둥하다
아마 열 번도 넘게 줘서 별 감동이 없다

곡성 골프장 머리 올리러 갈 때
골프장 가는 길 한가운데서
해가 떠올라
처음으로
아내에게 해를 선물로 주었는데
감동으로 받았다

그 아침 햇살을 받으며 골프를 친
30년 전의 기억이 지금도 생생하다

멋있었다

그 후로 지나가다 장미꽃밭도 통째로 선물했고
멋있는 건물도 마음에 든다고 하면 그냥 주었다
차도 선물하고
티브이에 나온 맛있는 음식도
선물로 주면 잘 받았다

다음에는 무엇을 선물할까

호접란

작년 7월
무더위가 한창일 때
친구 꽃집에서
가져온 호접란 분

아침에 일어나
꽃잎에 안녕 인사하고
스프레이로 물을 뿌려준다

꽃잎 다섯 개의 꽃술이
모양 그대로
일정한 간격으로 꽃을 피운다
커피 원두를 확대해 놓은 것 같은
꽃잎은 진초록으로 겹겹이 층을 이루고 있다

작년 9월에 마지막 꽃을 피우고
다른 꽃대는
한 송이가 지금껏 버티고 있어
3개월째 아침 인사를 한다

중앙에 S자 모양 지지대 위에
꽃송이 두 개가 춤추고 있다
날마다 아침 인사에
더없이 즐거운 가족이 되었다

물가物價

배춧값이 올랐다
시금치도 따블로 올랐다

김밥도 오르고
설렁탕도
만 육천 원으로 올랐다

밥집 근처
문방사우 먹墨 값도 덩달아 올랐다

지나온 경험으론
내년 날씨가 좋으면
배추가 껌값이 될 건데
문방사우
화선지 값도 똥값이 될까

병뚜껑

병뚜껑 우습게 보지 마라

위로 제치든
돌려 따든
뽑히든

군소리 하나 없이
시킨 일
잘하고 있다

마음에 안 든다고
힘들다고
불평하지 말고
주어진 일 잘해라

위로 제쳐
뻥…
소리 내면
수고했다고
칭찬해 주어라

망각忘却

잊을 것은
잊고
버릴 것은
버리자

나뭇잎이 수줍어 붉어질 때
낙엽 되어
욕심 없이
하늘거리며
땅에 떨어지는 것처럼

버릴 것은 버리고
잊을 것은 잊어버리자

노老

나이 먹지만
늙지는 말자

나이 듦은
자연의 순리다

나이 든 것은
내면의 아름다움이고
날마다
새로운 출발이다

요술을 배우고 있다

앞에 서 있는
너를
조그맣게 만들어서
안 주머니에 넣고 다니다가
보고 싶을
때
꺼내보고 싶다

그런 요술이
어디엔가는 있을 게다

먹 가는 소리

사각사각
먹 가는 소리
조용한 새벽
빗소리와 장단을 맞춘다
검은빛이 더 검어진다

사각사각
먹 가는 소리
붓끝이 숨을 쉰다
간밤에 흐트러진 마음이
평온해 진다

비어있는 삶에
생기生氣가 돋는다
잊혀진 그녀의 속삭임이
따뜻한 숨결과 함께
사각사각
먹 가는 소리가
귓불에 스쳐온다

세상은 시간이다

종이 위에 먹칠도
시간이 지나야 서예가 되고

모양 예쁜 손만두도
시간이 지나야 한다

남녀의 만남도
시간이 흘러야 완성된다

서두르지 말라
그 심오한 뜻은
시간 속에 존재한다

갓김치

아들이 좋아한다고
마트에서 사 온 갓

다듬고 잘라
소금에 절인다

양념장 넣고
정성으로 버무려
이른 아침 아내는 전철을 탄다

친구 따라 강남 간다는데

친구 따라 인사동으로 갔다

붓을 보고
먹을 갈고
종이 위에 먹칠을 하면서
흐르는 시간 속에
글자와 동무했다

오늘
시화전에 출품한 글이
입선하여 족자 위에서 반길 때

서당 개 삼 년 풍월이
초대한 지인들의 손가락질
저 녀석 글이 특선을 했네

눈꼬리 올라간
긴
미소로
그동안 인고忍苦를 달랜다

새로움의 시작

변화와
두려움
진실이 진심이 될 때
이쁨이 이쁜 것이 되었을 때
진실은 참됨으로 남는다

나의 진실이 진실로 인정되고
나의 소중함이 소중됨으로 인정될 때
소통의 맥은 살아난다

참이 참이 되고
거짓은 거짓이 되어
조화로움이 연결될 때
비로소 인격은 완성된다

시인詩人

시인은 늘 새로워야 한다
처음 것을 보고
느끼고
뒤돌아보면
새것이 창조된다.

시인은 자주 방황해야 한다
새로움을 위하여
변화하는
존재를 위하여
변방으로 떠돌아야 한다

시인은 같은 것을
또
보아도
다른 감성을 지녀야 한다
어제 본 것은
어제의 감성이요
오늘 본 것은 오늘의 감성이기 때문이다

시인은 변變해야 한다
나를 위하여
그대를 위하여
존재의 부정에
변해야 하며
부정에서 오는
창조를 위하여 변해야 한다
미래의 회상을 위하여 변해야 한다

그래야
시인이 되는 것이다

정년퇴임停年退任

춘풍하서春風夏暑
추단동설秋丹冬雪 겹겹이 지나
인생일막人生一幕 다듬는다

부족하고 허물 많은 사람
보듬어준 회사會社에 고맙고
고집스러운 꼰대 이해해 준
동료同僚에 감사하고
뒤에서 응원한
가족들에게 사랑을 전한다

다시 걷는 파아란 세상
기쁨으로 나아가는
나에게

또한
당신에게

축복祝福을

수秀 리조트

동해 일출이
수秀를 휘감아
신선대위를 날고

그대와 나
마음 통通하여
형제봉을 지나고

주황색 계단을 타고 넘어
사랑으로 변變하여
설악雪嶽으로 간다

외옹치 둘레길

푸른 물결이 바위와 만나
반갑게 인사하니
흰 물결이라
수평선 너머에
고깃배 들락거리고
바다 한가운데
샛노란 바다 양식장 위에
갈매기 춤춘다

날렵한 청설모
바람을 넘을 때
외옹치外瓮峙 산책로
계단 길 바위와 친親하고
큰 바위 작은 언덕
둥그레 앉아
추억 남기려
찍고
또 찍고

흰 갈매기 바위에 잠시 머물러
녹슨 철조망 위
새털구름 지나면
파도에 밀려온 미역은
할머니의 소일거리일까
백사장 어린아이
엄마 손잡고 뛰어놀 때
늦가을 따가운 햇살이
부끄러워 구름 속에 숨는다

* 바다향기 가득한 속초 외옹치

3부

가슴 시리도록

통通의 행복

한마디 말에
그냥 답한 것은
바로 앎이라

곧추세워 생각 뒤에
답하는 것은
욕심의 발로라

빈 생각
빈 마음
청량한 님의 모습

꼬이지 않음에
수치심 없고
미움 없는 눈망울

행복에 젖은
님의 향기가
담장 안 뜰에 가득하다

소소한 다짐

먹고 난 후
마누라보다 먼저
설거지부터 하자
천천히 깨끗하게

달걀찜 하나 정도는 요리를 하자
청소기도 이틀에 한 번은 꼼꼼하게 돌리고
세탁기 세제 량 체크해야겠다

느리 빼지 않고
총총히 움직여
몸무게는 1kg만 빼고 싶다

윗 형님들에게 안부 전화도 하고
친구들이 콜하면 힘써 나가고

어제까지 잔소리했으니
이제는
자식들 말 잘 들어야겠다
인생 3막 1장의 다짐이다

가슴 시리도록

온몸이 짜릿하고
가슴 시리도록
그리운 그 시절
그때
그때가 나도 있었다

모든 것을 다 주고 싶고
주는 만큼 다 갖고 싶은
아릿한
그 순간들이 나도 있었다

행복이라는 것을
수평선 너머 배가 사라지는
폼을 느꼈을
그때를 생각하는 두근거림

풍요로움을 간직하는
그때를 기억하는
그대는
그대는 진정 행복하다

그대가 기억하는
그 시간을 되새김하는 정점에서
나도 행복을 느낀다

먼 길

길을 떠나는데
가는 길이 멀어 보인다
한걸음 씩 걷다 보면
어느덧 목적지에 다다른다고 하지만
아직 가보지 않은
그 길은 두렵다
올바른 길인지
험한 길인지 모르고
그저 가는 대로 간다

문득 늦었다는 생각이 든다
그래도 더 늦은 것보다는 낫겠지만
그것마저 모르고 가는 길이 아닌가

먼저 간 사람들이 보고 있다면
우습다고 할 것이다
그러나
나는 가보지 않은 길을
용기 있게 가고 있다

시간이 지나면
여유롭게 뒤돌아볼
그때
나는 어떻게 서 있을 것인가

익선동 길

익선동 좁은 골목길
자연도 소금빵집을 지나
한라봉 주스
익선한옥
때때롯살롱
흡연 가능한 루프팁을 지나면
오얏꽃
오죽이네

이 나이에 젊은이들과
어울리며
좁디좁은 길을
어깨 부딪히며 비껴간다

어울린 낮술 한 잔에
속세俗世 정세政世는 태평양을 오가고
끝없이 이어지는
친구들의 톤 높은 목소리가 귓가를 넘나든다

이 거리가 어디서 시작되었고
어디로 이어지고
어디서 끝나는가
뒤돌아보면 더 복잡해진다

들꽃처럼 신선하고
시골 돌담길같이 정겨운
다시 오고 싶은

익선동 골목길

안목

어린싹을 뜯을 때가 있다
봄 쑥이 그렇고
두릅 오가피 새순도
부드러울 때 채취해서
바로 데치든지
말려서 먹든지
새순이 고운 때가 있다

소나무와 잣나무는 기다려야 한다
오랜 세월 보살펴야
들보로 쓰든
잣 열매를 따든지 한다
용도에 따라 기다림의 차이를 알아야 한다
그래야 쓰임에 만족한다
보는 눈이 있어야
미래를 약속할 수 있다

사람도 마찬가지다
아무 곳에나 급한 대로 쓰다 보면
정작
필요할 때 찾아보면
없다
잘못 쓰여서 때가 묻다 보면
그 자리에 맞지 않고
시기에 어울리지 않아 낭패를 본다

그때를 볼 수 있는
안목을 가진 것이 능력이다
그 눈은
하루아침에 만들어진 것은 아니다
만고풍상을 겪은 다음에야 안다

오래 겪었어도
똬리 튼 속마음은 늦게 안다
"그 사람 잘못 봤어"가
대표적이다
우리는 늘 이 잘못을 되풀이하며 산다

전어

여름 끝
가을 전어가 먹고 싶다
후쿠시마를 떠올리면
꺼림칙하지만
그래도
올해까지는 괜찮다 싶다

수산시장은 한가하다
방송에 안 팔려 죽겠다는
어민들의 땡깡은 어디 가고
여기는 여전히 비싸다

늦은 오후
전어를 사 왔다
비늘을 벗기고
윗 지느러미 잘라내고
잘게 썰어 겨자 초장에
깻잎 향 가득한 전어회

역시 맛있다

여기에 한서 남궁 억이 있다

삼천리강산
왜놈들이 짓밟고 탈취했어도
정신만은 빼앗지 못했다
여기 깨어있는 선인
여섯 번을 득달해도 굴복지 않은 한서가 있었다

독립운동가로
언론인으로
교육자로
그리스도인으로 살고 가신
한서를 너무 늦게 찾은 것이 아닐까

죽어 고목 거름이 된 그 정신
우리는 어떻게 답쏨하겠는가!
무궁화동산 아래 시대를 아우르는
님의 혼魂이
우리 가슴 한편에 곱고 화사하게 남아 있다

* 한서남궁억기념관에서

치매 엄마

수시로 실수糞를 하신다

내 몸에서
똥糞 냄새가 나는 것 같다
얼핏
마스크에서도

출근 전 기능성 비누로 삭 삭 문질러
온몸 비누칠해
샤워해도…

엄마의 똥糞 실수가 잦은 요즘
아무데서나
내 몸 어디선가
냄새가 나지 않을까
킁킁댄다

한 줄 시 - 1편

황혼黃婚

세모난 깍두기를 먹다가 식탁 아래로 떨어뜨렸다
마누라 눈꼬리가 치켜 올라간다

한 줄 시 - 3편

병뚜껑

병뚜껑 우습게 보지 마라
위로 제치든 돌리든 뽑히든 제 할 일 잘하고 있다

시선視線

미인은 잘 꾼다
그래야 남들이 한 번 더 쳐다보니까

주름살

주름살을 사랑해라
너 자신의 만고풍상이 기록된 레코드 판이다

한 줄 시 - 3편

한 줄 시詩

열 행 시詩는 의지가 있어야 읽지만
한 줄 시詩는 누구나 우선 본다

연상聯想

사라호 태풍에 우리 집 기왓장이 날아갔다
취우驟雨에 낙엽이 기왓장으로 보인다

시詩

그 느낌은 시간이 지나기 전에 붙잡아야 한다
그래야 시詩가 내 것이 되는 것이다

한 줄 시 - 3편

조약돌

깎이고 부대끼고 서로 사랑할 줄 알아야 한다
그래야 신사의 호주머니에 들어간다

망각忘却

신이 준 선물이라 했다
다 기억하고 있으면 내 머리가 터지기 때문이다

가을비

새벽 빗소리에 장단을 느끼지 못한다면
네 감성은 아직 잠에서 덜 깨어난 것이다

한 줄 시 - 3편

조각

완성품이란 없다
다른 시각으로 쳐다보는 평이 존재하기 때문이다

버팀

손녀딸이 놀이터 길가에 드러눕는 것은
미끄럼틀 한 번 더 타고 집에 들어가겠다는 버팀이다

예쁜 글씨

한 줄 시에 그림을 그리고
예쁘게 휘저으면 캘리그라피가 된다

한 줄 시 - 3편

자유自由

짜장면발을 다 먹고 난 후에
밥 한 숟갈 비벼 먹는 것은
남의 눈치가 아니라 내 선택이다

관철貫徹

두 살배기 손주가 아이스크림 집 앞에서 버티는 것은
먹고 싶다는 짓이다

술

적당이라는 것이 가장 어렵다
기준도 없고 평가도 제각각이기 때문이다

한 줄 시 - 3편

영靈에 속한 동물

그쪽 머리가 복잡하다는 것은
눈동자를 보면 대충 보인다

동물 감각

너무 머리 굴리지 말아라
사람은 영靈에 속한 동물이라 대충 짐작한다

선택

불꽃은 주위가 어두워야 더 밝다
나는 불꽃인가 어두움인가

한 줄 시 - 3편

노을

붉은 노을은 잠깐 아름답다
노을이 사라진 후에도 오랫동안 눈을 떼지 못하면 미친 감상感想이 된다

완급緩急

굽은 길을 빠르게 지나다간 넘어진다
희로애락이 변덕 부리면 조현병이 된다

순리順理

밖이 너무 추우면 집에서 쉬자
운동하러 나갔다간 감기 걸리기 딱 좋다

한 줄 시 - 3편

부지런함

아침 햇살을 사랑해라
정신도 맑아지고 건강에도 좋다
산책 중 맞이한 떠오르는 햇살은 따불이다

화평 和平

얼음 위에 송곳처럼 서 있다간 물속에 빠진다
가족을 편애하면 화합에 지장을 준다

심心

내 사랑이 전해져야
그 사랑이 되돌아온다
일방통행은 아쉬움을 남긴다

한 줄 시 - 3편

熟

속사람이 되어야 얼굴 표정이 온화하다
감정 변화는 읽히기 때문이다

老

둔하다는 것은 나이 듦이 아니라
그만큼 준비를 게으르게 했다는 증거다

進

새롭다는 것은
매사에 진취적이라는 것을 알 수 있다

한 줄 시 - 5편

서恕

부끄러움을 안다는 것은
그만큼 내면의 순수함을 간직하고 있다는 증거다

기다림

오는 것을 기다린다
때로는
가는 것도 기다린다

출出

노력하지 않은 결과는 얕다
시간이 지나면 드러나게 된다

소逍

여유로움은 자신감이다
고수는 서두르지 않는다

애哀

슬퍼할 때가 있다
그때는 죽도록 슬퍼하라
그것이 슬픔이고 미래의 기쁨이다

4부

오늘이 가장 빠르다

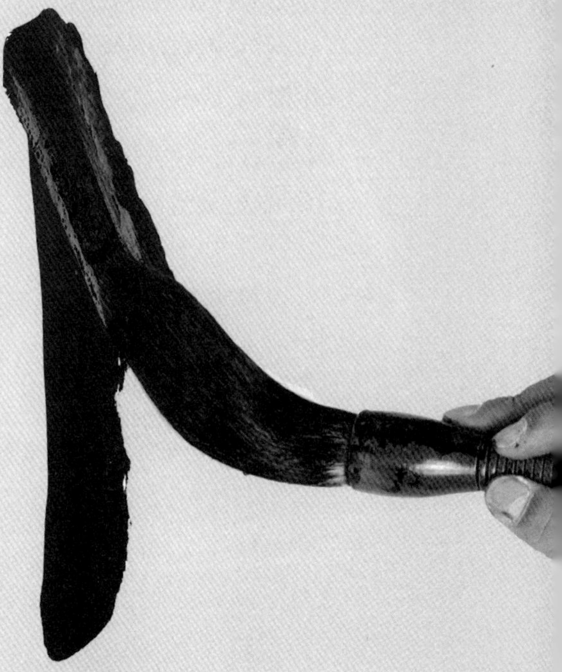

내 하루가

주님!
말씀대로 살게 하시고
내 시간들이
남에게 해가 되지 않게 하소서

내 생이 주님께 소망을 갖게 하시고
빛과 소금이 되어라 말씀하시면
순종하게 하소서

내가 싫어하는 사람들에게
막나지 않게 하시고
싫어하는 것은 미워하되
저주는 하지 않게 하소서

주님이 주신 마지막 부탁은
서로 사랑하라!

사랑
그 이상은 없습니다
기쁨으로
잠잠히 사랑합니다

단체 식사

벌 떼처럼 들어왔다가
참새처럼 쪼아 먹더니
메뚜기 떼처럼 사라진다

욕심부리지 말자

갈 길 얼마 남지 않았다고
욕심부리지 말자
죽어 이름 남기자고
급하고
급하게
서두르지만

천천히 가자
서두르지 말고
여유롭고 평안하게
우리 갈 길 가자

가다 보면
언젠가
모두가 가는
자연으로 돌아갈 것이다

길道

그들은
그들의 길이 있고
나는
나의 길이 따로 있다
모두
같은 길을 가는 것은 아니다

꽃샘추위
밖에 내놓은 화초가
얼어 시들시들하더니
말라 죽었다

갈 길 망각하고
괘도 벗어나면
탈이 난다

죽으러 가자

무섭게 생각하지 말고
욕심부리지 말고
돈 남기지 말고

벌려놓은 일 마무리하고
언제든지
갈 준비 하자

화려하지 않고
자랑하지 말고
있는 듯
없는 듯

나도 모르게 왔다가
가는 때는
하늘에 있으니

살다가
여름 삼베옷에
방귀 새는 듯
사라지자

늦터집

큰손주는 내 세상이다

딸내미는 시집을 간 것이 아니라
시집을 왔다
아들 낳고
만만한 친정에 늘러 붙어
천금 같은 손주 녀석을 뻑하면 안고 왔다

잠자고 울고 노는 것
하는 짓 모두 신기하고 이쁘다
우리가 애 키울 때
이렇게 이뻤을까

우리 부부 싸움도 잊고
가끔 오는 손주 보는 재미에 푹 빠져 보냈다

요즘 애들 다 천재라지만
숫자를 좋아하는 큰 녀석은 두 돌 넘어 겨우 말을 하더니
쉼 없이 숫자에 대해 묻는데 정신이 없다
일부터 백까지 빼지 않고 주절거린다
천 만萬은 기본이고 경 해
무한대까지 들고나오는데 난감하다

둘째 녀석이 태어났다.
웬걸
이 녀석은 한 수 위다
큰 녀석도 뒤짱구가 볼만했는데
이 녀석은 앞뒤짱구다

둘째는 말이 더 늦다
글자판에 A부터 가르치는데
손가락으로 제법 가리키더니
아는지 모르는지 보기는 본다

생일이 늦어 친구들은 모두 형이다
한 수 더 떠
한 살 아래 동생들보다 말이 늦다
두 녀석 같이 다니는 어린이집에서는 형이
늦었으니 둘째도 당연히 늦을 것으로 안다

엄마 아빠 안냐(형) 합삐 함미 무울
다른 것은 다 수화로 통한다

강아지 두 마리가 놀고 있다
갑자기
멍 멍… 투
하고 손가락 두 개를 폈다
말은 늦어도 머리는 돌고 있나 보다

외손주 두 녀석이 집에 오면 이쁘다
놀다가 지들 집으로
빠 빠이 하면
더 이쁘다

예禮

지하철 옆자리
덩치 큰 녀석이 온다
엉덩이가 내 자리를 침범한다
미안한 기색이다

옆으로 조금 미끄러진다

아들도
한 덩치 한다
옆자리 어른께
이 친구같이 미안해 할까

오늘이 가장 빠르다

서예 배우려고 인사동에 갔었다
은퇴 앞두고 너무 늦은 것 아닌가 했다

마음 정리하고
진득하게 앉아
먹물 묻혀
한 자 한 자 쓰는 것까지는 좋은데
도무지 어설프다

좋은 선생님 만나 지도를 받지만
이제까지 뭐하다
이제야 붓글씨 시작하는가
잘 써지지 않을 때마다 자문한다

새벽잠 깨서 뒤척이다
응접실 한편 책상에 앉으면
화사한 반달이 흘기듯 보고 있다
어젯밤 갈아둔 먹
붓끝에 묻히면
마음이 평온해진다

어렸을 적 순발력
다 어디 가고
백번 써도
도무지 늘지 않은
이 둔탁함
어디까지 이해해야 하는가
그래도
지금이 가장 빠른 것이 아닌가!

늦어버린 시간 인내하면
언젠가 한 글자 써 내려가지 않을까
스스로 달래본다

안다는 것

한없는 욕심
거짓을 잉태하고

거짓을 감추고 감추면
욕심은 더 커진다

오늘 한 말
허황된 마음
감추임 속에 드러나고
진실을 꾸민
뻔한 거짓
얼굴에 비칠 때면

가증한 그대 속마음
거짓 풍선 터지면
그대 양심 어디로 갈까

남들이 모를 것이라고
단정한 순간
모든 사람은
모든 것을 알고 있다는 것을
인지하지 못한 것일까

아니면
허황을
참으로 알 것이라는 확신을 가지고
또 다른 헛것을 준비하고 있을까

편견을 진실이라고 우겨대는
그 배짱은 어디에서 온 것일까
무식일까?
무지일까!

공자 왈
아는 것을 안다고 하고
모르는 것을 모른다고 하는 것이
지知라고 하지 않았는가

장례식장에서

지금
생生이
어디쯤 왔을까

잿빛 하늘
바람 부니
떡갈나무 낙엽 귓가로 지나간다

승화원 담벼락
이슬처럼 사라져 간 영혼
맴돌다
맴돌다
하늘로 올라간다

딱 한 줌 흙이 몽글다
자연으로 돌아간다
너나
나나
다르지 못하다

그저 왔다
그냥 간다
눈물 흘림도
뒤돌아 슬픔도
세상에 아쉬움도
다
놓고 순수함으로 돌아간다

가는 그 길이
기쁨으로
천국을 향하는 길
모두가 같다

세상이 좋으면 세상에 남지
뭐 좋은 것 없으니
이제
훔훔하게 간다

아름 난 나무농원

베란다
빨간 의자에 앉으면
아파트 사이로 높은 산자락이 보인다

그 사이
검단산 아래
친구 꽃집이 있다

이른 봄
비닐하우스에 모종 뿌려
온갖 정성 쏟아부어
자식 같은 이쁜 모종은 자라고
부부는 오늘도 이곳에 사랑을 가꾼다

아침 일찍부터 손님을 맞이한다
상추 고추 오이 방울토마토
이름도 모를 갖가지 모종
작은 하우스 안에 없는 것 없이 다 있다
인근에서 가장 많은 가짓수의 모종을
보유하고 있다고 한다

5년 전 친구 집에서 가져온
비파나무
지금도 푸르다
의젓하고 멋지다

친구 덕분에 베란다 꽃밭은
늘 풍성하다

동생에게

잘 있지!
항상 너희 가족을 위해 기도한다
특별히 네 가족은 기도할 제목이 많다
인생의 질곡에서
큰 실망을 느낀 어려운 삶과
커가는 자식들과 대화와
가정의 안정을 위해 노력하는
너를 위해 기도한다

어머님은 잘 계신다
나이 드심으로
모든 것이 점점 퇴화되는
자연현상을 본다
온 식구들이 어머님 건강과 힘든 보살핌에
걱정하는 마음을 늘 느끼고 있다
가족은 사랑이다

요즈음
네 가정이 안정되는 게 느껴진다
제수씨에게 잘해줘라
소중하고 귀하게 여겨라
술 좀 적게 먹고
건강하자

일요일 아침에 형이 전한다

여행旅行

길 떠나는 것이다(出)
만나고(面)
느끼고(感)
변화變化되어(變)
돌아오는 것이다(歸)

변變하지 않으면 방황彷徨이고
돌아오지 않으면 가출家出이다

여행의 결과結果는 환생還生이다

치매

아내가 어머님 모시고
병원에 다녀왔다
힘이 없어
데이케어센터를 쉬고
동네의원에서
링거 한 병 맞고 오셨다

어머님 베란다 걸으시고
좋아진 것 같다
기분이 좋다

얼마 후
희미한 얼굴로 누워
똥을 손에 쥐고 있는 어머님

한바탕 목욕을 시키고
침대 위까지 청소하니
아내는 힘이 소진됐다

다시 우울하다

매형 7주기에

매형!
가신 지 엊그제 같은데 벌써 7년이 지났습니다
가족 카페에 있는 지나간 사진들을 보았습니다
설 생신 휴가 김장 등등
일 있으면 있는 대로 모이고
없으면 만들어 다시 모이고
무던히들 모여 함께 웃던 지난날들이 생각납니다

얼굴 보던 그때는 한없이 오래갈 줄 알았는데
막상 헤어지니 영영 이별이 되었습니다
너털웃음 소리가 들리는 듯합니다
세월이 흘러도 기억은 희미하나
잊혀지지는 않습니다

"아버님 시구詩句에 '오손도손 가지런한 신발들'이 얼마나 좋냐"
"형제간에 이렇게 자주 얼굴 보는 가족도 드물다"고
말씀하신 그 표정이 보입니다

매형 하늘나라 가신 뒤
"니가 서울로 이사 가서 매형이 저리됐다"고 울던
누나의 서러움도 아련합니다

어머님도 잘 계십니다
매형 7주기라고 했더니 "벌써 그렇게 됐다냐" 하시고
"니 매형이 너무 일찍 갔어야" 하시며 안타까워하십니다

늘 서운西雲 가족이 건강하고
화목한 가정이 되도록 지켜봐 주시길 기원합니다
보고 싶고 그립습니다

바다가 내 것이다

저 멀리 지평선 위
하얀 배 달리고
흰 물결
거친 파도
둥근 바위 밑 내리칠 때
되돌아 나오는 굉음
바위의 속살을 긁어낸다

언제 적부터 이렇게
소용돌이를 만들었을까
은빛 반짝이는 파도 속에
무엇을 숨겨오는 것일까

바다의 소요인가
구름 위의 바람인가
자연의 위대함인가
인간의 왜소함인가

가슴으로
가슴으로
광폭으로 은빛 파도가 밀려온다
감당할 수 없는
그 어떤 힘과 함께

모임에 가면서

가족 모임에 어머님 모시고 급하게 달렸다
차 안에서 아들놈이 엉덩이를 들고
피시 방귀를 뀌었다

아내가
야…
무슨 냄새가 이리 독하냐
문 열어라

버럭 소리를 질렀다

그때
손주 편든
어머님이 한 말씀하셨다

으… 응
거짓말 안 한 입 없고

으… 응
방구 안 뀐
똥구 없단다

하셨다

가고 싶다

떠나고 싶다.
내 고향으로

노랑 은행잎 두껍게 쌓인
푸근한 오솔길 걸어
인적 드문 호숫가 모퉁이에
황토 짓이긴 흙집

삐뚤어진 밭이랑 사이에
대충 자란 배추 무 똘갓으로 김치 담아
솔밭 아래 항아리에 빼곡히 넣어
겨울잠 갈무리하는 그곳

뒷산 언덕 소나무 으슥한 곳에
부엉이 울면
긴 밤 뭇 서리 속에
풋 싱건지 썰어 두고

막걸리 한 사발
찐 고구마 단맛
낙엽 사이 쌓인 눈꽃 속
들리지 않는 고양이 걸음

작은 호숫가
흙냄새 가득한
고독과 벗하고
외로움과 친하며
소요逍遙의 즐거움을 더하고
풍류에 인생을 의지하는
그런 삶이 있다

속마음 숨결 살아있는
그… 곳!
내 고향으로
벗과 함께
떠나고 싶다
거기서 친구랑
한잔 술에 취하고 싶다

공주님이 오신다

손녀딸이 온단다
마트에 들러
요거트 생선 닭강정 사놓고
좋아하는 콩자반 엊저녁에 만들고
청소기 돌리고
물걸레 마무리

베란다 화분
끝 뾰족한 관음죽 뒤로 밀고
매트 깔고
아기 의자 먼지 털면
대충 공주님 맞이 준비 끝

이렇게 이쁠까
이쁘고
또 또 이쁜
머리모양도 이쁘고 손짓도 이쁘고
이 세상
뭉텅이로 귀여운
녀석들이 온단다

백일 지난 둘째까지 볼 생각을 하니
정신이 없다

요즘 시집 장가
쉽지 않고
출산율 보면
난 호강에 초 친 사람인가

외손주 둘에
친손녀 둘
네 녀석들 보는 나는
복에 복을 더한다

어디 자랑할 곳이 없어
글을 남긴다
팔불출 넘어 구불출도 좋다!

5부

태풍이 올 때

하롱베이

누가 만들었을까
하늘 용들이 던진 여의주가
섬이 되었다는 전설의 기암괴석

높이와 크기가 다르고
바위벽 나무 형상이 기이한
석회암 사이로 바닷물
제 마음대로 들락거려
멋대로 형상 뽐내니
가히 신의 걸작이다

키스섬 지나
원숭이 섬으로 가는 길
이름 없는 섬
서운도西雲島라 명명했다
쌍봉낙타를 닮은 섬
서운 가족 누구든 이곳에 오면
잊지 말라고
섬 하나 장만해 두었다

아름다운 섬
수평선 너머 멀어지고
옅어져 솟아오른 섬
점點 점 쳐진 병풍
병풍 아래 작은 점
섬
온 바다에 뿌려져 있다

티톱섬

섬에 내릴 수 있는 곳
한 곳 티톱섬
파도에 바람에 제멋대로 깎인 바위섬
해변 모래사장이 잔파도에 일렁이는 곳

나지막한 섬 정상에 힘겹게 오르니
에메랄드빛 바다 위
온갖 형상 섬들이 도열해 있다
사방을 둘러봐도 같은 섬 없고
멀리 가까이 점점 멀어지고
겹치고 겹친
산수화 병풍
사면팔방 대자연의 선물이 놀라움으로 다가온다

수없이 흩뿌려진 용의 진주
인간이 자연 앞에 숙연해지는 이유가 아니겠는가

원숭이 섬

고립된 섬 밖
나무 위에 원숭이들이 뛰어다닌다
배에서 던져주는 바나나 받으려고
절벽 나무 위에서 뛰어내려
잽싸게 낚아챈다

천연동굴 속으로 뱀푸를 타고 들어가니
하롱베이의 천지가 나타난다
고요하고 잔잔한
짙은 청색의 바다 분지

카누 속 청춘들이 고요함에 환호하니
메아리 속 원숭이 놀라고
배 출렁거려도 고요한 천상의 공원
선녀의 놀이터인가

진국사

베트남 고찰
고풍스러운 사찰
서호호수 곁에 노란색으로 떠 있다

입구부터 노란색 바탕에
글씨가 눈에 들어온다
건물 기둥마다 미려한 고서의 조화
한 점 흐트러짐 없는 행서의 진본을 본다

공영탑 2층탑 붉은 기와
커다란 글씨가 아름답다
부슬비 내리고
향냄새
주위를 엄숙하게 한다

붉은 11층 주탑
공간마다 흰 부처
저마다의 형상으로 내려 보고 있다

땅 파면 물이 솟아나고
매년 지표면이 낮아지는
물의 도시 하노이
노란색이 어울린 고찰 진국사
물 위에 동그마니 떠 있다

하노이 예술거리

베트남
경제개발에 눈을 떠
한국과 손을 잡고
부국을 꿈꾸는 나라

수교 기념 예술거리
각종 벽화와 조형물이 다채롭다
처음에는 관광명소로 북적거렸지만
예산 부족으로 관리가 부실하여 녹이 슨 거리

저低임금으로 시작된 투자
관계는 복잡해지고 생활이 나아지니
고高임금으로 변화한
통제된 사회
기업들에게 생존을 맡기니
한계점에 이른 것 같다

코로나로 한국경제도 녹록지 않아
투자가 줄고
사회의 빈 공간이 축소되니
경제도 어렵고
예술도 퇴보하는가 싶어 씁쓸하다

죽순 파는 가족

이슬비가 내린다
다리 난간 위
노인이 죽순을 팔고 있다

산에 지천으로 널려 있는
손가락보다 좀 더 두꺼운 죽순
여러 포대에 한가득 담겨있다

어린 새색시
전통모자 농라에 비옷을 입고
한 손으로 죽순을 잡고
작은 칼로 밀어
엄지로 껍질을 벗긴다

젊은 아들
껍질을 치우고
노랑 바구니에
가지런히 담아 정리하고 있다

다리 위에 쭉 늘어져
두꺼운 죽순도 있고
가늘고 긴 것 다양하다
파는 사람이 많다

내국인만 가끔씩 흥정한다
하얀 속살 죽순
몇 개 얹어주었다

날마다 다리 위에서
죽순을 팔아 생계를 유지하는
토착민의 삶이 이채롭다

- 엔뜨공원에서

엔뜨국립공원

안갯속
케이블카를 타고
절에 오른다

가는 날이 장날
안개가 자욱하다
도무지 보이지 않은 산꼭대기를
진초록 나무 끝 봉우리가
발아래로 지나갈 뿐

산 중턱
자이완 사원은 베트남 국보
특이한 지붕 처마가 올라가고
단단한 목제 건물양식이 우아하다

안갯속 향 타는 냄새가
사원을 감싸고
꽃과 과일은
신선한 재물이 된다

사원 밖 울타리 아래 절벽
안개비로 뒤덮고
나뭇가지 움트고 있다

발아래 풍경
자연이 허락하여야 볼 수 있어 아쉽다

호찌민 관저

넓은 광장
꽃과 나무의 조화
계획된 거리
일국의 지도자가 모범이 되어
칭송받고 생활하다
안치되어 있는 곳

우람한 총독부 관저 뒤로하고
소박하고 검소한 생활
공간에 낮게 거하는 자
작은 나라지만 작지 않고
왜소하지만 당당한
빈국의 지도자

붉은 깃발 아래
호숫가 관저 주위
온갖 형상 고운 나무 무성하고
잘 다듬어진 분재가 세월을 거스른다

기둥 하나에 큰 절 지탱하는
한기둥사원
국보 1호
향 과일 생화
아이 점지해 주는 곳
찾는 이들의 두 손을 모으게 한다

아바탄 반딧불

북두칠성
오리온자리 사이로
은하수 지나가고
전깃불 한 점 없는
칠흑 같은 밤

어둠이 내리고
로복강
통통배 위에서
눈을 감고
박수를 친다

어렸을 적 기억 속의
반딧불
시공간을 넘어
강가 망고나무에
크리스마스트리처럼 반짝인다

건너편 망고나무에도
반딧불이 열렸다
한꺼번에
약속하듯
반짝거린다

박수 소리에 놀라
짝을 찾아
유영한다
자연의 소소한 일상
황홀감에 젖어든다

코코넛

길가에
얕은 야산에도
야자나무
코코넛이 주렁주렁 열렸다

반듯하게 올라간
새순 가지 위로하고
옆으로 뻗은 가지 아래
코코넛이 열렸다.
줄기 하나에 서너 개
많은 것은 열개도 열린 것 같다.
합하여 5-60개?

열매 아래
나무줄기
축 늘어져 시들었다.
게으른 주인 잘못 만나
시든 가지 이발 못해
처져있다

코코넛 하나에 1달러
한 달 봉급이 30달러
부부에 자식이 평균 6명
온 가족생활에 몇 그루의 야자나무가 있어야 할까

맛은 밍밍하지만
속살은 상큼하다
건강에 최고다

망고가게

망고를 사러 과일집에 갔다
버스에서 내려 우르르 달려갔다
길가 촌스런 과일가게
때아닌 고객을 만났다

아쉽게
과일이 숙성 중이라
익은 과일 몇 개만 시식했다

같은 집 뒤편에 있는
과자봉지가
관광객 손길에 수난을 당했다

진열대 바나나
망고 말린 봉지
삽시간에 동이 났다
횡재한
과일집 아주머니 당황한 기색이다

역사는 우연한 곳에서 일어난다

태풍이 올 때

오키나와 동남쪽 120km 해상에
태풍 라기가 북상하고 있습니다

붉은 등대
장대 기둥 양쪽으로 물결이 인다
화산섬 돌밭 사이
두 줄 부표 떠 있고
파란 해초 위로 흰 거품이 휘돌아 친다

오키나와 남쪽 바닷가
오크통 의자 놓인 해변가에서
겉옷 벗은
노랑머리 새댁
사진을 찍으려
계단 위에서 두 손 펴고
폴짝거린다

변덕스런 날씨
서늘한 바람결
느닷없이 굵은 빗방울이 쏟아진다
오키나와 해변가에

타르시어 안경원숭이

조막만 한 원숭이가
잠자고 있다

야자나무 줄기 사이로
뭔가 있는데
자세히 봐야 대충 윤곽이 나온다
사람들이 모여
쳐다본 곳
자세히 보니
나뭇잎 사이
작은 물체가 원숭이다

짙은 갈색 눈동자에
커다란 안경을 쓴 동물
참으로 희한한 원숭이다

다섯 걸음마다
잠자는 안경원숭이를 잡아다가
구경을 시키고 있다
지금은 잠자는 시간
조용히 하라는 주의를 받았는데

졸고 있는지
자고 있는지
귀찮은지
동물 학대인지 모르겠다

버진 아일랜드

십자가 예수님
마리아 요셉
섬을 빙 둘러
흰 부표를 띄워 놓고
온 나라 사람들
비키니 입고 물장구에
폴짝폴짝 뛸 때
푸른 파도
멍이 들어
잿빛으로 너울거린다

둘레길 걸어 십여 분
사람이 살진 않아도
작은 모래톱 섬 성당에
주일이면 미사를 연단다

좀 더 여유롭게
모랫길 감촉을 느끼고 싶다

모래톱 구덩이에 사랑을 파고
그 하트 안에 추억을 넣었다
멋지다

거북이 두 마리

짙은 감색
다이버 손길에 위로 올라온 거북이
한 쌍 중 한 마리가
스노클링 중인 내 곁에
수면 위로 올라온다
물속 깊이 있을 때는 작았는데

다이버가 유인해 올라온 거북이
생각보다 크다
수경 너머
가까이 보니 황금색이다
운이 좋아
손으로 만져본
거북이 등껍질
감촉이 매끄럽고 단단하다

거북이가
눈인사하고
곧바로 제 짝 곁으로 돌아간다
물빛은 희고 맑아
쪽빛보다 더 곱다
앞 두 다리 유영遊泳이
우아하다
너무 짧은 만남이 아쉽다

짙푸른 바다 절벽
한 무리
은빛 전갱이의
자유로운 춤을 기억하라

변화되는 자연환경에 잘 적응하여
이 한 쌍의 거북이가
오래오래 떠돌아 다니기를 기도한다

방카

방카에 몸을 싣고
돌고래를 뒤쫓는다
배 양쪽으로 튀어나온
균형추 관광선 방카
흰 페인트칠한 대나무 마디가 삐걱거린다

잿빛 물결
망망대해 태평양
돌고래를 찾는다
두 마리 네 마리
무리 지어 춤추는 돌고래
배 사이 돌아 잠수하고
저 멀리 다시 나와 유영할 때
뒤쫓는 돌고래 숫자보다 많게 따라가는 방카 무리

관광객의 환호성
저 생명들이 우리를 반기는가
우리가 그들을 이뻐하는가

로봇강

야자수
수변에 늘어져
잔 바닷바람에 흐느적거린다
선상 뷔페 원숭이 바나나 식사
강 중류 원주민 공연장의 북소리
어린아이 야자수 나무 꼭대기에서
강으로 뛰어내린다

감미로운 팝송
선상 음악
끝없이 이어지는
흥겨운 무희의 춤사위
바람결에 간드러진다

푸르고 푸른 강
늘어진 야자나무
강물이 바닷물에 섞여
섬을 돌고 돈다
자연은 끝없이
우리를 풍요롭게 한다

초콜릿 힐

어떻게
이렇게 생겼을까
오름인가
바다가 융기되었는가
무수한 왕릉들이 겹겹이 널려있다
파보아
조개껍데기가 나왔다 하니
패총인가

장엄하고 정겹다
지평선 위
성숙한 여인의 봉긋한 젖가슴
크고 작게
연이어 누워있다

푸른 나뭇가지 사이로
분홍빛 봉우리
지평선을 가리고 있다

하나님의 은총인가
자연의 위대한 섭리가
우리를 겸손하게 한다

만좌모 萬座毛

산호초 위에 잔디
널따랗게 자리를 잡았다
만인이 앉을 수 있다는
넓은 바위
가장자리 길을 따라 걷는다

코발트 빛 고요한 바다
끝없이 펼쳐지고
코끼리상 바위
하얀 파도가
순서 기다려 부딪친다

빽빽하게 겹치고 뒤엉킨 이 나무는
풀인가
잡목인가

멀리 바라보는
끝없는 바다 위
이 바람은
어디서부터 불어오는가

실려 온 하얀 구름
만좌모
잡풀 위에 쉬어간다

동남식물낙원 東南植物樂園

땅속에 무지개 물감을 뿌렸는지
이렇게 다양한 꽃이 나오나

땅속에 어떤 형상을 숨겼는지
이렇게 다양한 나무들이 나오나

땅속에 어떤 요정을 숨겨 두었는지
보는 이에게 웃음꽃이 피어나는가

땅속에 무슨 타래를 꼬아 두었는지
층층나무를 키웠을까

<작품해설>
기독교 신앙을 바탕으로 한 사랑의 시학

김순진(문학평론가 · 한국문인협회 이사)

<작품해설>

기독교 신앙을 바탕으로 한 사랑의 시학

김순진(문학평론가 · 한국문인협회 이사)

　민병락 시인의 연세가 어찌 되었는지, 고향이 어디인지 나는 잘 모른다. 아마도 필자보다는 다소 위일 것 같다. 행사에서 한두 번 스쳤을 것 같은데 기억이 없다. 그러나 이 시집에 나타난 정서로 보아 동시대를 살아온 것만은 틀림이 없다. 이 시집을 전체적으로 읽어보았을 때 민병락 시인은 정년퇴임을 했고, 서예를 배우고 있으며, 부부 금슬琴瑟이 좋고, 독실한 기독교인이라는 것을 알 수 있다.
　사람은 초등학교 시절 6년의 추억으로 인생을 살아간다. 그때 추억은 그리움으로 변해 모든 일에 관계하게 된다. 조약돌만 하나 있어도 물수제비뜨는 영상을 떠올리거나 비석치기를 떠올린다. 삘기며 싱아도 추억의 대상이 되고 참새도 제비도 추억의 한 페이지를 장식한다. 그런 추억을 다른 사람보다 많이 기억하는 사람은 예술가가 될 가능성이 농후하며, 어려서 손재주가 좋았던 사람은 기술직으로 풀릴 가능성이 짙다. 어릴 때 추억은 인간에게 많은 작용을 한다. 아마도 민병락 시인의 추억은 그를 시인으로 이끄는데 많은 작용을 했던 것으로 여겨진다.

도시에서 자란 사람들은 '나는 고향이 서울이라 추억이 없어.'라고 말하지만, 추억이란 시골 사람만의 전유물은 아니다. 도시의 사람들에게도 딱지치기, 구슬치기, 말뚝박기, 땅따먹기, 사방치기, 고무줄놀이, 공기놀이 같은 추억이 있다. 그러한 놀이문화는 도시와 시골의 아이들과 똑같이 공유된 놀이로 추억의 범위가 지역적 요인으로 줄어들지는 않는다. 다만 문제는 도시라 추억이 적은 것이 아니라, 추억하려는 물건이나 환경이 사라졌기 때문에 기억력이 감소되는 것이다.

민병락 시인의 마음속에는 매우 큰 추억의 창고가 있다. 추억이 많은 사람은 대인관계가 좋다. 그리고 배려심이 깊다. 그 추억을 공유하거나 재상再想하고 싶은 생각은 결국 가족이나 친구, 고향 사람들과 만나게 되고, 그런 이유로 대인관계는 확대되고 배려심이 유발된다. 나는 민병락 시인의 이 시집에서 민병락 시인이 무엇을 추구하고 무엇을 위해 시를 쓰는가와 지금 어떤 환경에 놓여 있고, 어떤 삶을 살아가고 있는가를 살펴볼 필요성을 느낀다. 그는 독실한 기독교 정신을 바탕으로 한 우리 민족의 자긍심을 표출함과 동시에 이웃사랑을 실천하고 있음을 읽을 수 있었다.

그럼 이쯤에서 그의 시 몇 수를 읽어보면서 그의 영적 세계를 여행해 보자.

1. 기독교 신앙을 바탕으로 전개된 시

봄날
점심시간 후
커피잔을 든 회사원들 걸음걸이가 사뿐하다
붉은 소나무 옛스럽고
고궁마루 햇살이 따사롭다

라테 한잔 아내와 나눠 홀짝이며
못다 한 자식들
친구들
교회 이야기가 실타래 풀 듯
조잘거리며 시간 가는 줄 몰랐다

돈덕전 역사의 현장에서
100년의 기억을 되돌아보고
나라 잃은 설움을 가슴에 안았다
잠시 쉬며
지나간 시간을 아쉬워한다

늘 오는 곳이 아니라
이곳저곳
돌계단 위로 아래로 돌아
대한문 수문장 교대식까지 보고
운 좋게 기념사진도 찍었다

밍밍하지만 산책이 여유롭다

- 「덕수궁」 전문

 덕수궁은 원래 왕가의 별궁인 명례궁이었으나, 임진왜란 직후 행궁으로써 정궁 역할을 했으며, 광해군 때 정식 궁궐로 승격 경운궁이 되었고 대한제국 때는 황궁皇宮으로 쓰였다. 1907년 고종 퇴위, 순종 즉위 이후 이름이 덕수궁으로 바뀌었다. 그러니까 덕수궁에서 왕이 직접 집무를 본 것은 없는 셈이다. 덕수궁에는 서양식 건물이 여러 개 있다. 석조전과 돈덕전도 이 중의 하나이다. 돈덕전은 러시아 제국의 건축가 아파나시 아비노비치 세레단사바탄이 설계한 것으로 알려져 있다. 왜 우리나라 건물을 러시아 사람이 설계를 했을까? 그것은 아마도 아관파천과 관계가 있으리라. 아관파천이란 1896년 2월 11일부터 다음 해 2월 25일까지 조선의 대군주 고종과 왕태자였던 순종이 을미사변 이후 일본군과 친일 내각이 장악한 경복궁을 탈출해 어가를 아라사 공사관으로 옮겨 피신한 사건을 말한다. 이 사건으로 조선의 정세가 바뀌었다. 수틀리면 경복궁에 칼을 들고 달려가던 일본이었지만, 러시아의 허가 없이는 건드릴 수 없는 러시아 외교공관에 머무는 고종을 일본은 더 이상 압박할 수 없어 을미사변으로 구성된 일본의 영향력과 친일 내각이 붕괴되었고, 그 대신 고종의 신변을 확보한 러시아의 영향력이 확대되었으며 친러 내각이 구성되었는데, 그 영향으로 이후 러시아 건축가가 설계를 했던 것으로 추측된다. (자료출처 : 위키백과) 덕수궁의 돌담길은 한때 젊은 연인들의 데이트 장소로 유명했다. 그래서인지 덕수궁 돌담길에서 데이트를 하면 헤어진다는 속설도 등장했다. 나는 고등학교 시절 여자친구와 덕수궁 현대미술관에서 전시하는 제2회 대한민국미술대전에 간 적이 있다. 그리고 속설처럼 헤어지고 지금은 그리움으로만 남아 있다. 민병락 시인은 아내와 라떼 한 잔을 나눠마시며 자식 이야기, 친구 이야기, 교회 이야기로 시간을 보내고 있으니, 아마도 결혼 전에 덕수궁 돌담길에서 데이트하지는 않은 것 같다. 또 한 가지 중요한 것은 민병락 시인은 교회를 다니는 독실한 크리스천으로 많은 시가 나라 사랑을 바탕으로 쓰여졌다는 사실이다. 나는 그때 덕수궁 현대미술관에 갔을 때의 감동이 지금까지 이어져, 요즘은 그림을 그리고 있다.

삼천리강산
왜놈들이 짓밟고 탈취했어도
정신만은 빼앗지 못했다
여기 깨어있는 선인
여섯 번을 득달해도 굴복지 않은 한서가 있었다

독립운동가로
언론인으로
교육자로
그리스도인으로 살고 가신

한서를 너무 늦게 찾은 것이 아닐까

죽어 고목 거름이 된 그 정신
우리는 어떻게 답答하겠는가!
무궁화동산 아래 시대를 아우르는
님의 혼魂이
우리 가슴 한편에 곱고 화사하게 남아 있다

* 한서남궁억기념관에서

― 「여기에 한서 남궁 억이 있다」 전문

  그동안 우리는 남궁 억을 시인으로 알고 있었다. 그런데 민병락 시인의 이 시를 읽고서 그가 독립운동가요, 교육자였으며, 언론인이요, 정치인이요, 그리스도인으로 사셨다는 것을 알게 되었다. 이 시는 아마도 강원특별자치도 홍천군 홍천읍 석화로 93에 있는 한서남궁억기념관을 가보고 쓴 시로 추측된다. 남궁 억은 1863년 서울 중구 서소문동의 양반가에서 12남매 중 외아들로 태어났다. 1884년에 관인 외국어 교육기관인 '동문학'을 수료하였고, 1884년 경성 총해관總海關 서기를 시작으로 내부아문 부주사, 칠곡군수 등으로 일하였다고 하니 벼슬이 대단했다. 1894년 내부토목 국장으로 중용되어 한성부 종로와 정동 일대 및 육조 앞 남대문 사이의 도로를 정비하고 파고다공원을 세웠다. 그렇게 많은 사람들이 쉬다가 가는 파고다공원을 그가 세웠다는 것도 처음 안 사실이다. 그리고 1986년 아관파천 이후 황성신문을 창간해 사장에 취임하고 국민계몽운동과 독립협회 활동을 지원하는데 힘을 썼던 인물이다. 1905년에는 성주군수로 발령이 났는데 그해에 소위 을사오적이라는 이완용 등에 의해 을사조약이 체결되자 사임하고 서울로 올라왔다. 1906년에 다시 영양군수로 임명되어 애국계몽운동에 적극적으로 참여하였고, 1907년에는 양양의 동헌 뒷산에 양양에 현산학교峴山學校를 설립하고 신교육을 실시하였다. 1910년 경술국치로 정치에서 내려왔다. 말하자면 아관파천이나 을사조약, 경술국치 같은 나라의 흔들림에 언제든 벼슬을 버리는 용기가 있었던 인물이다. 1910년 배화학당의 교사가 되었고, 1918년에 건강이 악화되어 강원도 홍천으로 내려갔으며, 1919년 강원도 홍성군 모곡리에 초등학교 격인 모곡학교를 설립하고 나라꽃인 무궁화를 전국에 보급하기 위해 주력하였으며 역시 모곡리에 한서감리교회를 설립하기도 했다. 1933년에 개신교 계열 독립운동 비밀결사인 '십자당'을 조직해 활동하다 8개월간 옥고를 치렀고, 이후 노령으로 석방되었으나 고문 후유증으로 1939년 4월 5일 사망하였다. 현재 교회 옆에는 기념관이 건립되어 있다. 초등학교 뒤편에는 남궁 억의 묘역이 있고 초등학교 주변에는 보기 힘든 무궁화나무가 무리지어 자라고 있다고 하니 한 번 가볼 일이다. 건국훈장 독립장이 추서되었다.(자료출처 : 위키백과) 남궁 억이 이토록 큰일을 할 수 있었던 것은 무엇보다도 기독교인으로 살 수 있었기 때문이다. 나라 잃은 설움에 맞서 독립운동과 무궁화 보급, 교육과 기독교에 일생을 바치신 남궁 억 선생이야말로 우리가 일제의 강점에서 벗어나 지금 이렇게 편안하게 살 수 있었던 원동력이 아니었나 싶어 저절로 머리가 숙여진다. 민병락 시인께도 역시 그런 좋은 소재를 찾아 시를 써주심은 시인의 역할을 제대로 하고 있는 것 같아 감사한 마음이 든다.

2. 추억을 바탕으로 전개된 시

  아파트 창가
  철봉대 아래로
  고드름이 열렸다

  찬바람을 견디며
  꼬리를 길게 늘여 놓고
  만세를 부르며
  생각에 잠겨 있다

  한여름 느릿한
  장대비 속에서 부대끼며
  속삭이던
  그 물방울들이
  시절의 흐름에 몸을 맡기고 있다

아침 햇살이
저 산 너머 수줍게 고개를 들면
나비 애벌레 움츠림이
탈피의 환희에 느끼듯
반복되는 고통을 이기고
보석처럼 영롱한 눈물을 흘린다

한 방울씩!

- 「고드름」 전문

우리 세대가 어린 시절의 겨울이면 고드름은 아이들의 전유물이었다. 눈이 많이 온 날 초가집에 제 키만큼 거꾸로 자라는 고드름을 장갑도 안 낀 맨손으로 따다가 칼싸움을 하노라면, 고드름이 서로의 칼에 맞아 뚝뚝 부러져나가고, 우리는 초가지붕의 고드름이 모두 없어져야 고드름 칼싸움을 끝낼 수 있었다. 작게 자라는 고드름을 와작와작 깨물어 먹기도 하고, 아이스크림처럼 살살 녹이며 빨아먹기도 했다. 그때 세골에는 공장도 없었고, 단순히 풀과 나무를 때는 굴뚝 연기 외에는 오염원이 없던 시절이었다. 지금처럼 플라스틱이나 비닐봉지를 태웠다면 오염될 수도 있었겠지만, 그릇도 박을 길러 쓰고, 숟가락, 젓가락도 나무나 대나무로 만들어 쓰던 시절이라 일체의 오염원이 없었으니 고드름을 먹어도 인체의 별다른 해는 없었을 것 같다. 지금은 폭설 이후 고드름이 달리면 고드름의 낙하할 때 차량이나 인명의 피해가 우려돼 미리 제거해 버리는 경우가 많다. 높은 곳에 매달린 고드름은 그 크기나 무게에 따라 운동에너지로 바뀌는 힘이 달라 큰 피해를 입을 수도 있기 때문이다. 아무튼 고드름은 해빙기의 산물이라 지붕과 붙어있는 힘이 약하기 때문에 조심해야 한다. 이 시는 관찰심상법에 의한 시다. 민병락 시인은 고드름에게 생명을 부여해 고드름이 "찬바람을 견디며 / 꼬리를 길게 늘여 놓고 / 만세를 부르며 / 생각에 잠겨 있다"고 말한다. 이 부분은 활유법에 의한 것으로 고드름이 만세를 부르기도 하고 생각에 잠기기도 한다. 그리고 "한여름 느릿한 / 장대비 속에서 부대끼며 / 속삭이던 / 그 물방울들이 / 시절의 흐름에 몸을 맡기고 있다"라면서 고드름에서 물방울의 일생을 유추하며 여름까지도 관찰해 낸다. 그리고 "아침 햇살이 / 저 산 너머 수줍게 고개를 들면 / 나비 애벌레 움츠림이 / 탈피의 환희에 느끼듯 / 반복되는 고통을 이기고 / 보석처럼 영롱한 눈물을 흘린다 // 한 방울씩!"이라면서 고드름에서 나비 애벌레의 움츠림까지 관찰해 내고, 한 방울 한 방울 떨어지는 물방울에서 애벌레가 탈피하는 순간의 환희를 발견한다. 가히 민병락 시인만이 본, 최고의 시적 표현이라 평가한다.

    이른 봄
    오랜만에 아내와 시내를 나왔다
    광장시장은 북새통이다

어디서 들 왔는지
젊음 발산한 무리들에
몸을 섞이고

줄 서서 기다리는 포장마차
기다림이 길어
조금 한산한 조각의자에 앉아
칼국수 한 그릇 주문했다

미리 반죽해 놓은 면이
부산한 칼끝에도 가지런히 썰어진다
나이 든 이모는
애인 사인가 부부인가를
흘깃흘깃 탐색하며
끓고 있는 육수에 면을 넣는 손놀림이 정겹다

멸치 육수 간이 딱 맞다
칼국수 한 그릇에
아내의 미소가 녹아든다

- 「칼국수」 전문

 칼국수는 배고픈 시절 우리 민족의 생명을 이어준 음식이다. 어릴 적 어머니는 울타리에 호박이 자라면 '저거 때서 칼국수 끓여 먹자.'며 예비해 두었다가 마루에서 밀가루 반죽을 밀어 칼국수를 썰고, 애호박과 굵은 멸치를 넣고 마당 가에 있던 화덕의 양은솥에 칼국수를 끓여내셨다. 멸치 국물이라도 비린 것만 조금 들어가면 그렇게도 맛있던 시절이 있었다. 민병락 시인은 부부 간의 금슬이 아주 좋은 모양이다. 이 시집의 내용 이곳저곳에 부부간에 동행한 흔적이 많다. 참으로 보기 좋다. 늘그막에 홀로 된 것이나 서로를 미워해 황혼이혼이 많은 세상에 두 부부가 서로 사랑하며 열심히 사는 것은 아마도 앞서 말한 신앙이 같기 때문이 아닌가 추측된다. 칼국수와 수제비, 부침개는 우리 서민들이 가장 좋아하는 음식 중 하나일 게다. 어릴 적 미군들이 준 악수하는 그림이 그려진 구호품 밀가루포대가 생각난다. 밀의 생산은 아마도 6.25전쟁에 유엔군이 참전한 이후 서민들에게 본격적으로 보급이 된 것 같다. 그동안 우리 민족은 구황작물로 감자나 옥수수를 많이 재배해 왔으나, 6.25전쟁 이후 밀가루의 간편한 조리법과 쫀득쫀득한 식감에 길들인 사람들이 호밀을 많이 재배하기에 이르렀다. 우리 집 역시 아버지께서 호밀을 많이 심어서 시시때때로 칼국수와 수제비를 해 먹던 생각이 난다. 그런데 요즘엔 밀가루 음식이 당뇨병 등 성인병의 주범이라며 차츰 성인들의 밥상에서 멀어져가고, 웰빙식품이라는 보리밥이나 푸성귀 비빔밥 등이 인기가 있지만, 그래도 신세대들의 입맛은 점점 더 서구화돼 커피에 빵이 일상화되어가고 있다. 아무튼 밀가루는 쌀과 함께 인류의 가장 중요한 식재료가 된 지 오래다. 지금도 나는 애호박만 보면 어릴 적 먹던 칼국수가 생각난다. 그렇지만 직접 밀가루를 사방에 튀겨가며 옷에 묻혀가며 반죽해 칼국수를 써는 일은 식당에 가야 볼 수 있는 일이며 가정의 주방에서는 역사 속으로 사라진 듯하다. 오늘 저녁에는 나도 아내랑 집 근처 식당에 가서 칼국수나 한 그릇 사 먹고 와야겠다.

3. 생활을 바탕으로 전개된 시

> 배춧값이 올랐다
> 시금치도 따불로 올랐다
>
> 김밥도 오르고
> 설렁탕도
> 만 육천 원으로 올랐다
>
> 밥집 근처
> 문방사우 먹墨 값도 덩달아 올랐다
>
> 지나온 경험으론
> 내년 날씨가 좋으면
> 배추가 껌값이 될 건데
> 문방사우
> 화선지 값도 똥값이 될까

- 「물가物價」 전문

민병락 시인은 노후를 아주 멋지게 사는 분이다. 그는 요즘 아마도 서예를 배우고 계신 것 같다. 자고이래自古以來로 물가가 싼 적은 없었다고 세인들은 말한다. 인류에게는 태곳적부터 이어져 내려오는 두 가지 불만이 있는데 하나는 경제가 늘 불황이고, 또 하나는 요즘 애들은 늘 버릇이 없다는 것이다. 그렇지만 경제는 늘 발전에 발전을 거듭해 왔고, 아이들은 늘 어른을 섬기며 봉양오다 어른이 된다는 사실이다. 특히 우리나라는 서구에서 수백 년 동안 공들여 쌓아온 산업화 과정을 전후 70년이라는 짧은 시간 동안 이룩해냈기 때문에 금융시장은 늘 요동쳤고, 물가는 시간의 흐름에 따라 천정부지로 치솟았다. 그래서 월급이나 연금으로 살아가야 하는 사람들에게 물가는 가히 살인적이었을 것이다. 나 또한 늘 빠듯한 생활을 해야 했고, 두 부부가 맞벌이하지 않으면 안 되는 삶을 살아왔다. 최근에 국회의원 선거에서 통치자의 실언이 이슈가 된 것도 물가에 대한 감각이 떨어지는 말 때문이었다. 대파 한 단 가격이 875원이란 말에 서민들은 5,000원을 넘나드는 대파 가격을 놓고 갑론을박했고 이는 표로 이어졌다. 우리는 지금 사과 한 개 1만 원의 시대에 살고 있다. 우리 아이가 돌 때 금반지 한 돈의 가격은 35,000원이었는데, 지금은 400,000원을 넘나든다. 기가 막힌다. 불과 20여 년 전 1,000원짜리 한 장에 사 먹던 김밥은 어느새 4,000원이 되고 5,000원에 사 먹던 설렁탕도 16,000원이 되었다고 민병락 시인은 푸념한다. 그러면서 "밥집 근처 / 문방사우 먹墨 값도 덩달아 올랐다"고 하소연이다. 그래도 멋지다. 인사동의 한 가게에서 붓, 벼루, 먹, 종이 등 문방사우를 사는 시인의 모습을 생각하니 멋있다는 생각이 절로 든다. 지금은 문학과 그림으로 하루를 보내지만 나도 한때 글씨를 썼었다. 서예학원에 등록해 글씨를 쓰노라면 젊은 시절의 어려움이 일순간 사라지는 희열을 느끼기도 했다. 집에서 조용히 앉아 벼루에 먹을 갈아 화선지에 글씨를 쓰고 난을 치는 민병락 시인을 생각하니 존경심이 발로한다.

>한마디 말에
>그냥 답한 것은
>바로 앎이라
>
>곤추세워 생각 뒤에
>답하는 것은
>욕심의 발로라
>
>빈 생각
>빈 마음
>청량한 님의 모습
>
>꼬이지 않음에
>수치심 없고
>미움 없는 눈망울
>
>행복에 젖은
>님의 향기가

담장 안 뜰에 가득하다

- 「통通의 행복」 전문

이 시에서 '통通은' 아마도 쓰레기통에서 영감을 받아 쓴 것으로 추측된다. 고궁을 여행하다 만난 쓰레기통으로 인해 길이 깨끗해지고 마음까지 열리는 그런 통, 민병락 시인은 스레기통의 통桶이 사통팔달의 통通, 마음을 후련하게 하는 통通이 되기를 마음으로 이 시를 썼을 것 같다. 통通자를 다음 한자 자전에서 찾아보면 '통할 통通'이라 나와 있는데 그 의미가 정말 여러 가지다. 우선 '통通'은 꿰뚫다, 즉 통한다는 것은 '꿰뚫다, 이르다, 두루 미치다, 경유經由하다, 널리 퍼지다, 탈없이 가다, 투명하다, 깨닫다, 좇다' 등의 의미를 함유한다. 게다가 '통하게 하다, 오가다, 사귀다, 몰래 정을 통하다, 말하다, 끊이지 않다, 즐비하다, 함께 쓰다, 영달하다, 열다, 알다, 전하다' 등의 뜻으로 쓰인다고 하니 '통通'이란 인간사에 있어 없어서는 안 될 개념인 듯하다. 통하지 않고는 만사가 이루어지지 않는다. 서로 통해야 합의에 이룰 수 있다. 남녀가 통하면 결혼에 이르고 자녀를 생산할 수 있다. 식물에 물이 통하면 꽃이 피고 열매를 맺는다. 도로가 통하면 물류의 원천이 되어 생산물을 실어 나를 수 있다. 문제가 통하면 해답을 얻을 수 있다. 전류가 통하면 불을 켜고 밥을 지을 수 있다. 인터넷이 통하면 세상이 하나가 된다. 피가 잘 통하는 사람은 건강한 사람이고,

피가 잘 통하지 않는 사람은 혈압이 높은 사람이다. 씨앗은 흙을 통해 뿌리를 내리고 싹을 틔운다. 말하자면 통通이란 상생의 원리다. 상생이란 서로 사는 것을 이르는 말로 음양오행설陰陽五行說에서, 금金은 수水를 낳고, 수水는 목木을 낳으며, 목木은 화火를 낳고, 화火는 토土를 낳고, 토土는 금金을 낳음을 이르는 말이다. 이것이 상생인데, 상생이란 통通의 원리를 기본진리로 삼는다. 민병락 시인은 사상가. 통通의 증거로 정말 아무도 생각지 못한 증거를 들이댄다. 이 시는 5연을 된 시로 첫 연에서 "한마디 말에 / 그냥 답한 것은" 이미 달통한 것이니 "바로 앎이라" 했다. 두 번째 연에서 "곧추세워 생각 뒤에 / 답하는 것은" 통하고 싶은 소망을 가지고 있으니 "욕심의 발로라" 했다. 세 번째 연에서 "빈 생각 / 빈 마음"을 말하는데, 이는 비었다는 것은 무엇이든 넣을 수 있다는 증거로 우리가 존경할 수 있는 "청량한 님의 모습"이라고 한다. 네 번째 연에서 우리는 누구나 "꼬이지 않음에 / 수치심 없"는 마음을 갈망하는데 그런 사람의 "미움 없는 눈망울"을 바라보노라면 정말로 맑다는 것을 느낄 수 있다. 그리 마음을 먹으면 다섯 번째 연에서와 같이 "행복에 젖은 / 님의 향기가 / 담장 안 뜰에 가득하"게 될 것 같다. 이처럼 민병락 시인은 '통通'이란 글자 하나를 가지고도 수많은 생각을 피력하니 이 어찌 사상가라 하지 않을 수 있으랴.

이상에서처럼 민병락 시인의 시 몇 수를 읽어보면서 그

의 영적 세계를 여행해 보았다. 민병락 시인은 기독교의 박애 정신을 바탕으로 정직하고 올바른 삶을 살고 있었다. 우리 민족에 대한 자긍심을 가지고 우리 것을 소중하게 여기고 있었고, 나눔과 봉사로 이웃사랑 실천하고 있었다. 그의 시어는 절제의 미학과 묘사의 장점을 효과적으로 표현하고 있으며, 생활 속에서 시의 소재를 찾고 그를 통해 깨닫는 삶을 추구하고 있었다. 이에 나는 그의 시를 기독교 신앙을 바탕으로 한 사랑의 시학이라 평한다.

이처럼 오랜 경험과 절제된 삶이 축적된 훌륭한 시집을 상재하심을 진심으로 축하드린다.

민병락 시집

통通의 행복

초판 발행일 2024년 5월 31일

지은이 민병락

펴낸이 양상구
웹디자인 김초롱
펴낸곳 도서출판 채운재
주소 우) 01314 서울시 도봉구 시루봉로 15라길 38-39 301호
전화 02-704-3301
팩스 02-2268-3910
H·P 010-5466-3911
E-mai ysg8527@naver.com

정가 12,000원
ISBN 979-11-92109-71-(03810)

@ 민병락 2024

* 이 책은 저작권법에 따라 보호받는 저작물이므로 무단전재와 무단복제를 금지하며 이 책의 내용 전부 또는 일부를 이용하려면 반드시 저작권자와 도서출판 채운재의 동의를 받아야 합니다
* 파손 및 잘못된 책은 구입처에서 교환해 드립니다